AF340804

NOTICE NÉCROLOGIQUE

SUR

M. L'ABBÉ JOSEPH-AUGUSTE CHARLOT

ANCIEN CURÉ DE LANEUVELOTTE
CHANOINE HONORAIRE DE LA CATHÉDRALE

DÉCÉDÉ A NANCY, LE 5 AVRIL 1874

Sa vie, son ministère pastoral,
ses œuvres de bienfaisance, sa maladie sa mort, ses funérailles
à la Chartreuse de Bosserville.

AVANT-PROPOS.

« *Nos jours passent comme l'ombre,* » dit la Sainte-Ecriture (1), et la mort se présente à nous comme la triste réalité d'un dépouillement universel, rien de nous ne reste ici-bas après elle ; pas même notre souvenir ! Nous voyons disparaître, ainsi successivement, pleins de jours et de mérites, les vénérables membres de l'ancien clergé ; leur mort est une perte regrettable et un nouveau deuil pour le diocèse de Nancy ; mais combien de nos vénérés Pères dans le sacerdoce ont disparu pour toujours, sans trouver un ami qui ait laissé, après eux, la plus légère trace de leur passage et

---

(1) *Dies mei sicut umbra declinaverunt,* (Job. ch. 27.)

sauvé, en quelque sorte, leur mémoire dans ce grand naufrage du temps qui engloutit tout...! Il est permis, pour notre édification, d'essayer de soustraire *un pieux souvenir* à ce fatal oubli de la tombe.

Telle est la pensée qui nous a déterminé à consacrer cette notice à la douce mémoire de M. l'abbé Joseph-Auguste Charlot, ancien curé de Laneuvelotte, chanoine honnoraire de la Cathédrale, décédé le 5 avril 1874, à l'âge de 70 ans, et dont la vie humble et modeste, mais riche de vertus et de bonnes œuvres, s'est écoulée dans les rangs du clergé de Nancy.

Sans doute, comme tant de saints prêtres, il a quitté ce monde pour un monde meilleur, où il a reçu sa juste récompense, c'est-là une douce consolation. Mais lorsque la douleur a payé son tribut, et que les prières de l'Église sont venues expirer sur sa tombe solitaire, dans la silencieuse enceinte de la Chartreuse de Bosserville qu'il a fallu bientôt quitter ; lorsque l'heure suprême de la séparation est arrivée, c'est encore un devoir, pour ceux qui lui étaient unis par les liens de la nature et de l'amitié, de conserver vivant, au milieu d'eux, le pieux souvenir de ses qualités privées et de ses vertus ecclésiastiques : sa foi vive, sa tendre piété, son humilité profonde, les heureux fruits de ses *dix-sept* années de ministère sacerdotal pour la gloire de Dieu et le salut des âmes, ses conseils salutaires, ses bons exemples, son admirable patience dans sa longue infirmité et en particulier *les œuvres secrètes* de sa charité envers les pauvres, toujours si soigneusement voilée !...

Puissent sa famille et nos vénérés confrères accueillir ce dernier hommage, comme un faible tribut de notre estime et de notre affection pour ce cher et regretté défunt. N'y at-il pas d'ailleurs profit pour tout le monde à entendre parler des hommes qui ont marqué, par la constante pratique du bien, leur passage sur cette terre ?

Plusieurs d'entre nous, ses amis ou ses contemporains, en parcourant ces lignes, pourront dire ce qu'il se plaisait à répéter lui-même avec l'Apôtre : « *Jam delibor, tempus resolutionis instat* (1). » Semblables à ces nautoniers qui, voyant des bords du rivage, le vaisseau que la tempête vient de briser, n'oublient point que leur propre nacelle, voguant sur les mêmes eaux, ou poussée par le même courant des années, doit bientôt, peut-être éprouver le même naufrage. Mais aussi n'oublions pas qu'après une vie sacerdotale, une mort chrétienne est une heureuse tempête qui nous jette dans le port et un passage, dans l'éternité, à une vie où le Seigneur appelle ceux qui ont vaillamment combattu ses combats. « *Hæc est spes mea, reposita in sinu meo* (2). »

†

M. L'abbé Joseph-Auguste Charlot, second fils de M. Jean François Charlot, juge suppléant au tribunal de Nancy, et de dame Françoise-Elisabeth Boulangé, appartenait à une ancienne famille bourgeoise, douée des dons de la fortune, que des mœurs simples, une probité exacte, et des vertus patriarcales recommandent particulièrement à l'estime publique et qui a donné d'honorables membres au clergé et à la magistrature (3).

Il naquit à Nancy sur la paroisse de la Cathédrale le 21 février 1804 et reçut, sur les fonds de Baptême les noms de *Joseph-Auguste* ; il eut pour parrain, son cousin M. Joseph-

---

(1) St Paul à Tim, chap. 4, v. 6. — (2) Job, ch. 19, v. 27.

(3) M. le chanoine Charlot était le cousin du vénérable M. Charlot, chanoine titulaire, curé de la Cathédrale de Nancy, décédé en 1824, et dont la réputation de bonté et de charité est encore populaire, quoiqu'il soit mort depuis plus de 50 ans.

Louis Charlot, conseiller à la Cour d'appel, pour marraine Mme Françoise Boulangé, sa grand-mère maternelle.

Imbu, dès l'enfance, des pures traditions du catholicisme, il puisa, de bonne heure, dans les exemples domestiques, cette pureté de mœurs, cette douceur de caractère, cette simplicité de goûts, cette humilité, jointe à une certaine timidité naturelle, qui le dirigèrent pendant toute sa vie.

Ses premières années, au sein de sa famille, se firent remarquer par son attrait précoce pour la piété, par une docilité parfaite envers ses parents et un grand amour pour son seul et unique frère, *M. Jean-Baptiste Charlot* qui, par son âge, avait sur lui trois années d'avance (1). Une tendre affection les lia l'un à l'autre dès leur jeune âge, alors qu'ils fréquentaient ensemble la petite école de jeunes garçons, dirigée à cette époque, rue de l'*Esplanade*, par Mlle Pilot. Plus tard, le frère aîné ayant été placé à l'externat de M. Victorin, situé à l'angle de la rue *Damerval*, on aime à voir chaque matin, les deux jeunes frères Charlot, comme les deux plus jeunes fils de Jacob, *Joseph et Benjamin*, sortir ensemble de la maison paternelle, le plus jeune accompagnant et conduisant l'aîné, la main dans la main, jusqu'à la maison *Victorin*, et quand la porte s'était refermée sur lui, plus d'une fois le jeune Joseph baisa cette porte avec tendresse, témoignant ainsi d'une manière naïve et touchante, son amitié pour son frère aîné; affection devenue toujours plus grande avec les années et que son frère lui rendait, chaque jour de sa vie dans une large mesure ; elle n'a finit que par sa mort.

Le jeune Joseph-Auguste montra, de très-bonne heure, d'heureuses dispositions pour tout ce qui touche au culte de

---

(1) Devenu plus tard substitut et juge à Nancy, — Conseiller à la Cour d'appel de Nancy, chevalier de la Légion d'honneur, — décédé le 16 septembre 1873, à l'âge de 73 ans, dans sa campagne à Custine, dont il était le bienfaiteur par ses utiles conseils et sa charité envers les pauvres.

Dieu et donna des signes manifestes de la vocation qui lui fit embrasser, plus tard, l'état ecclésiastique. Avant comme après sa première communion qu'il fit en 1815, avec les meilleurs sentiments de piété et comme un petit séraphin, dans l'église Cathédrale, sa chère paroisse natale, il aimait à dresser de petits autels, chanter des messes, célébrer des offices, et on le voyait, à cet âge, employer son frère, ses cousins, comme *chantres, accolytes, porte-bannières* ou *congréganistes* dans les cérémonies et les processions enfantines qu'il organisait au troisième étage de la maison et dans une chambre qu'on appelait habituellement *la chapelle*. C'était-là un heureux présage de son aptitude spéciale aux fonctions de directeur des cérémonies de la Cathédrale, auxquels la divine Providence le destinait un jour.

Dans leur enfance, les deux frères Charlot, mus par un sentiment de piété, se faisaient un devoir et un honneur, les dimanches et les jours de fête, de servir la messe à la chapelle de *Saint-Julien*; ils étaient heureux de porter l'*encensoir* ou la *navette* et comme le jeune Eliacin, ils pouvaient dire :

> .... Quelquefois à l'autel,
> Je présente au grand-prêtre ou l'encens ou le sel,
> J'entend chanter de Dieu les grandeurs infinies,
> Je vois l'ordre pompeux de ces cérémonies.
>
> (*Ath.*, act. II, scèn. VII.)

Le moment était venu pour les deux frères de commencer leurs études littéraires au Collége royal de Nancy, sous le provisorat de M. l'abbé Thiébaut, devenu plus tard proviseur du lycée Saint-Louis et inspecteur de l'Académie de Paris. Ils en suivirent constamment les cours en qualité d'élèves externes, mais avec des succès inégaux. A cette époque se rattache un petit trait enfantin qui trouve ici sa place : à la distribution de fin d'année scolaire, l'aîné obtenait des prix et des *accessits* dans sa classe ; le jeune Joseph n'avait pas le même avantage dans la sienne. Voulant cependant être matériellement pour quelque chose dans les succès de son frère, il avait soin de lui préparer à l'avance, le papier sur lequel celui-ci devait écrire ses compositions, et au jour solennel des récompenses, il ne manquait pas de réclamer une part de ses triomphes, en lui rappelant que « *sans lui et sans son papier il n'aurait pas obtenu autant de prix.* » Aimable naïveté qui, en produisant l'hilarité dans la famille, lui semblait un peu compenser sa défaite.

Mais si le jeune Joseph Charlot se vit moins heureux que son frère, dans ses études au Collége royal, car parfois la fortune trahit le courage, il s'y fit remarquer par son application constante, la régularité de sa conduite et une piété exemplaire, juste récompense de ses louables et persévérants efforts !

Après avoir terminé sa réthorique et sa philosophie, à l'âge de dix-huit ans, se sentant dévoré de l'ardent désir de quitter le monde, de renoncer à ses plus belles espérances que semblaient lui assurer sa naissance et sa position de fortune, pour consacrer sa vie au culte de Dieu et au salut des âmes, il demanda et obtint, malgré les difficultés de sa famille et les instances de son frère pour s'opposer à sa vocation, d'entrer au grand Séminaire de Nancy, dont le vénérable M. Michel était alors supérieur.

M. l'abbé Joseph-Auguste Charlot y fut admis comme élève de théologie en octobre 1822. C'est dans cet asile du savoir et de la piété sacerdotale, d'où sont sortis tant de prêtres éminents, que le jeune séminariste se prépara, durant cinq années par sa ferveur dans la méditation et la prière, par de bonnes études, mais en particulier par la réception fréquente de l'Eucharistie, source principale de l'amour divin, à remplir avec honneur les saintes fonctions du ministère, auxquelles une vocation constante semblait l'appeler ; c'est-là aussi qu'il se lia, d'une estime profonde et d'une sincère amitié avec M. l'abbé Jean-Baptiste Claude, l'un de ses condisciples du grand Séminaire, qui devint, plus tard, curé de *Bouxières-aux-Dames*. Amitié généreuse et bien réciproque qui fut la loi invariable de toute leur vie (1).

Le sacerdoce, dont il se montra de plus en plus digne, étant demeuré le but constant de toutes ses aspirations, M. l'abbé Charlot en franchit successivement les degrés avec la plus grande édification ; il fut appelé par ses supérieurs : — à la tonsure le 23 mai 1823, — aux ordres mineurs le 11 juin 1824, — au sous-diaconat le 16 avril 1825, — au diaconat le 11 mars 1826, — il fut ordonné prêtre et le jour même de son ordination, nommé vicaire à Rosières-aux-Salines par Mgr de Forbin-Janson, évêque de Nancy et de Toul, le 26 avril 1827.

Comment retracer ici les sentiments de reconnaissance, d'amour et de zèle dont son âme pieuse et si bien préparée se sentit alors pénétrée, en se voyant promu à l'insigne honneur de prêtre de Jésus-Christ ? Ce serait chose difficile. Pour en comprendre l'étendue et le degré, il suffit de connaître l'excellence et la dignité du Sacrement de l'Ordre, sa supériorité sur le sacerdoce ancien, le caractère auguste qu'il imprime, les vertus qu'il exige dans celui qui le reçoit et la sublimité de ses fonctions au milieu des peuples pour la gloire de Dieu et le salut des âmes. M. l'abbé Charlot en avait mesuré et apprécié toute la grandeur, aussi sentait-il sa foi et son courage à la hauteur de ses graves obligations.

Dès le début de son vicariat à Rosières, dont le vénérable M. l'abbé Thomassin, était alors curé, et pendant trois années consécutives, sous la direction de ce digne ecclésias-

---

(1) Décédé chanoine de la collégiale de Bon-Secours, le 26 janvier 1861. Sa mort fut un grand sujet de douleur pour son ami, M. le chanoine Charlot et pour sa famille qui le considérait comme un de ses membres intimes.

tique, on le vit travailler à l'œuvre de Dieu et remplir les fonctions délicates, souvent si difficiles et laborieuses du saint ministère, avec la piété, le zèle et la prudence d'un apôtre. Il s'y fit remarquer non-seulement par sa grande déférence et sa profonde considération pour son vénéré curé, dont il parlait toujours avec le respect dû à ses vertus et à ses mérites, mais encore par l'apostolat de la charité et des bonnes œuvres, que sa position de fortune lui rendait facile, mais non moins méritoire, envers les pauvres et les malheureux de la paroisse.

Nous nous bornons à en citer un exemple : A cette époque, son frère, M. Jean-Baptiste Charlot, venait d'être nommé substitut du procureur du roi à Nancy; il était appelé, par ses fonctions, à dresser l'état des délinquants forestiers et à poursuivre ceux d'entre eux qui, ne payant pas l'amende, devaient être incarcérés dans les prisons de Nancy. Cet état judiciaire comprenait constamment quelques malheureux habitants de Rosières. Un jour, ce magistrat demanda à un huissier, chargé d'arrêter les délinquants : pourquoi il n'en ramenait jamais aucun de Rosières, « *c'est*, lui répondit-il, *parce qu'il y a là un jeune vicaire qui paye toujours pour eux* » ce jeune vicaire, on le devine sans peine, c'était M. l'abbé Charlot.

Le vicaire de Rosières ne se bornait pas à ces actes d'une touchante charité ; les fonctions de son ministère le trouvent toujours debout, à l'église, comme au chevet du riche, auprès des malades, auxquels il apportait les consolations de la religion, comme auprès de l'humble couche des indigents qu'il assistait de ses aumônes, avec ce tact et cette modestie qui le caractérisait si bien. Aussi M. l'abbé Charlot occupait-il une large place dans la confiance et l'affection des habitants de cette paroisse. Nous en trouvons la preuve dans l'attachement qu'il conserva pour ce premier poste qui ut le berceau aimé de son ministère, comme dans les regrets unanimes qui suivirent son départ, tant du côté de M. le curé qui perdait en lui un excellent et pieux vicaire, que du côté des paroissiens, sans distinction de classe, qui venaient encore, dans ces derniers temps, le visiter à Nancy, parce qu'ils avaient pu voir à l'œuvre, pendant trois ans, sa piété constante et son inépuisable charité.

En effet, une décision de Mgr de Forbin-Janson, en date du 1er avril 1830, nommait M. l'abbé Joseph-Auguste Charlot, curé de Laneuvelotte, paroisse d'environ trois cents âmes, située à douze kilomètres de Nancy, qu'il administra, durant *quatorze années,* avec autant de zèle que d'édification. Les temps étaient alors orageux; quatre mois à peine s'étaient écoulés depuis sa prise de possession que la révolution de juillet éclatait à Paris; personne n'ignore les conséquences qu'elle eut en France. Les passions irreligieuses levaient audacieusement la tête, la division des partis régnait partout à l'ombre des arbres de la liberté, et la Patrie alors, comme de nos jours, était agitée et tourmentée.

Mais les bouleversements politiques ne purent empêcher le jeune et prudent curé de Laneuvelotte de remplir souvent avec efficacité, toujours avec ardeur, son ministère de paix et de conciliation. Il ne se borna pas à calmer les esprits, à cultiver la piété dans son propre cœur, il voulut se dévouer à faire aimer et pratiquer la religion dans sa chère paroisse. Malgré sa faible santé, qu'elle activité ! quel zèle ne déployat-il pas en chaire, au confessional, dans ses instructions aux fidèles, dans ses catéchismes aux enfants, comme dans ses visites aux malades ! Nous en trouvons une preuve caractéristique dans la fidélité avec laquelle il assistait ses paroissiens à leur lit de mort; c'était pour lui un impérieux devoir; et ses quatorze années de ministère à Laneuvelotte, n'ont pu compter qu'un seul d'entre eux qui soit décédé sans recevoir sa dernière bénédiction.

D'ailleurs le presbytère et son jardin réparés, l'église et la sacristie ornées et pourvues par ses soins, et le plus souvent avec ses propres deniers, de divers ornements et d'objets du culte les plus nécessaires, sont l'irrécusable témoignage de ce qu'il fut comme curé. Mais sa charité à Laneuvelotte prit des proportions encore plus grandes qu'à Rosières.

A son arrivée, M. l'abbé Charlot trouva une école communale mixte, que fréquentaient simultanément les petits garçons et les petites filles de sa paroisse ; convaincu des inconvénients graves que présente le mélange des sexes dans les écoles de l'enfance, il résolut, coûte que coûte, d'en préserver ses chers paroissiens. La commune n'avait pas alors de fonds disponibles pour cette œuvre importante ; M. le curé sut y pourvoir de ses propres ressources. Sans trève ni repos, M. l'abbé Charlot acheta une maison dans le village, la fit réparer, approprier et meubler pour cette destination, et quand l'école y fut établie, il en fit don à la commune par acte notarié. Ce n'était point assez, son zèle pastoral voulait compléter l'œuvre ; M. l'abbé Charlot affecta en rentes sur l'état un revenu annuel destiné *à perpétuité* à l'entretien d'une sœur institutrice de la Doctrine chrétienne. Bienfait inestimable dont les générations recueillent les avantages, en ignorant même le nom du pieux donateur, tandis que, dans l'éternité il en reçoit l'escompte en mérites devant le trône de Dieu !...

Pendant son administration à Laneuvelotte, paroisse rapprochée de Nancy, alors qu'on le vit toujours dans son intérieur, si sobre pour lui-même, M. l'abbé Charlot exerçait une honorable hospitalité envers ses amis, ses confrères voisins, ou ses supérieurs ecclésiastiques qui venaient le visiter. Dans les premières années de son ministère, il eut l'honneur de recevoir Mgr François-Auguste-Ferdinand Donnet, évêque *in partibus* de Roses, alors coadjuteur de Mgr l'évêque de Nancy et de Toul. Sa Grandeur voulant donner un témoignage affectueux au zélé pasteur, choisit son

église paroissiale pour y administrer le sacrement de confir-
mation à ses enfants et à ceux des paroisses environnantes.
A cette occasion, M. le curé appela de Nancy M. Charlot son
frère, et Mme Elisabeth Charlot sa belle-sœur pour l'aider à
faire les honneurs de son presbytère. Là, comme toujours,
comme partout, sa générosité sacerdotale fut à la hauteur de
la circonstance et Mme Charlot, (nonobstant la disparité du
culte : elle était protestante) montra une aménité, un empressement, une bonté qui charmèrent tous les ecclésiastiques présents, et dont Mgr Donnet conserva le plus touchant
souvenir.

Dans sa vie pastorale, il y a une circonstance particulière
qui met en relief, d'une manière évidente, la douceur naturelle et la grande bonté qui furent le trait distinctif de
son caractère. A une époque, M. l'abbé Charlot, voulant se
donner le plaisir de la propriété (il ne soupçonnait pas,
hélas! s'en donner aussi les ennuis inséparables) se rendit
acquéreur d'une petite ferme, située sur le territoire de la
commune. Le voisin d'un de ses prés, peu délicat à l'endroit
du bien d'autrui, portait chaque année, le tranchant de sa
faulx dans la propriété de M. le curé. Quoiqu'informé de
cette usurpation manifeste, le bon M. Charlot, ne formula ni
réclamation, ni plainte contre ce déloyal voisin qui, encou-
ragé par l'impunité et le silence de M. le curé, finit pres-
que par absorber en se l'adjugeant, le pré en entier. Mais
il arriva qu'un autre voisin, moins tolérant que le pasteur,
se voyant également lésé, sous le même rapport, et par le
même individu, intenta aussitôt contre cet envahisseur, un
procès en règle qui amena sur les lieux, un juge de paix de
Nancy, et la loi en rétablissant les uns dans leurs droits res-
pectifs, ne tarda pas à faire rendre à l'autre ce qu'il avait de
trop; *suum cuique.* La paroisse entière rendit un juste hommage à la patience et à la douceur évangéliques du bon
pasteur : *Beati mites...*

« *Les plus petits détails dans la vie d'un homme,* a dit un moraliste, *servent à en préciser le caractère.* » Nous autorisant de cette pensée, nous mettrons encore en évidence, et par un simple fait *la sensibilité*, peut-être *exagérée* de M. l'abbé Charlot, laquelle s'étendait, non-seulement aux plus légers maux du prochain mais parfois jusqu'aux animaux eux-mêmes.

Il y avait, dans ce temps, au service de sa famille, un vieux Bucéphale, c'était le cheval de son respectable père. Ce cheval parvenu à la caducité et devenu impropre à tout service, semblait ne réclamer que le ministère de l'équarrisseur. M. le curé, mû par un sentiment de reconnaissance et de pitié pour cet ancien serviteur de sa famille, devançant *la loi Grammont,* voulut lui donner ses invalides dans l'écurie de son presbytère, où l'on vit cette bonne et vieille bête atteindre paisible et tranquille, l'âge de *trente-deux ans* : quand elle succomba de vieillesse, elle était restée *dix-huit mois* sans sortir.

Combien d'autres traits de bonté et de générosité n'aurions-nous pas à relater dans ses *quatorze années* d'administration paroissiale ? Les vieillards, dans cette paroisse n'ont point oublié que *leur bon curé*, M. Charlot comme on l'appelait alors, désirait avant tout leur faire le plus de bien possible, et qu'il était en mesure de l'opérer par son zèle, son dévouement et ses ressources personnelles.

Jusqu'ici nous avons essayé de considérer succinctement dans M. l'abbé Charlot, ses qualités personnelles, les fruits de son zèle sacerdotal, et sa charité reconnue comme vicaire de Rosières ou curé de Laneuvelotte, il nous reste à le suivre dans sa retraite volontaire à Nancy, en parcourant rapidement les *trente* dernières années de sa vie.

Après quatorze années d'un ministère fructueux, sa santé devenue plus délicate, sous l'influence d'un tempérament nerveux, ne lui permettait plus de suffire, selon sa conscience, aux impérieux devoirs de sa charge pastorale ; M.

l'abbé Charlot se décida à demander et obtint de ses supérieurs ecclésiastiques l'autorisation de se retirer à Nancy, sur sa paroisse natale. Ce fut le 1er avril 1844 que cet estimable prêtre, quitta Laneuvelotte au milieu des plus sincères regrets de cette bonne et paisible population. Deux mois après sa rentrée à Nancy et à peine installé dans sa maison, située rue Mably, n° 5, que possédait avant lui le respectable abbé Michel, curé de Notre-Dame, l'autorité épiscopale, voulant reconnaître ses services dans le ministère, le nomma, par une décision en date du 28 juin de la même année, chanoine honoraire et en même temps directeur des cérémonies pontificales de la Cathédrale. On le vit remplir ces dernières fonctions avec honneur et zèle jusqu'en l'année 1846, époque où il s'en déclara démissionnaire, pour partager, pendant quelques années, au secrétariat de l'évêché, en qualité de *pro secrétaire officieux,* après la mort de M. l'abbé Hachon, la collaboration de M. l'abbé Gérard, son ami, qui en était alors le secrétaire général titulaire.

Désormais M. le chanoine Joseph-Auguste Charlot nous apparaît dans sa vie privée, simple dans ses manières, pieux sans ostentation, affable et bon envers tout le monde, dévoué au bien, et toujours charitable. Jusqu'au jour où les infirmités viendront arrêter sa course, il a pratiqué, par ses exemples et ses paroles, *trois belles vertus* qui sont des signes certains de prédestination : *L'amour de Dieu et de son culte,* — *le zèle des âmes,* — *et l'amour des pauvres ou les œuvres de bienfaisance chrétienne.*

En effet, M. le chanoine Charlot réunissait toutes les vertus d'un bon prêtre ; c'était un homme de prières et de recueillement ; la chambre qu'il occupait habituellement, son jardin, sa maison tout entière, était un vrai sanctuaire, où plus d'une fois ceux qui venaient le visiter ont pu le voir récitant son office ou remplissant ses exercices de piété avec la ferveur d'un séminariste.

Son amour pour Dieu avait d'abord compris quelles puissantes ressources, présente, en faveur de la religion, la collection des meilleurs ouvrages destinés à développer le dogme, à dissiper les doutes et à éclairer les esprits. Aussi s'attacha-t-il, toute sa vie, à augmenter sa bibliothèque, déjà nombreuse et riche en ouvrages de piété, d'autres ouvrages sur l'histoire de la religion, la littérature sacrée, la morale pratique, la philosophie religieuse ou d'illustres *autographes* et manuscrits de toutes sortes qu'il avait la patience et la persévérance de rechercher partout. On lui doit, entre autres, de précieuses collections d'actes épiscopaux et d'œuvres d'archéologie lorraine, en un mot, tout ce qui touche de près ou de loin, à la gloire de la religion et à l'honneur de sa province natale. Généreuse inspiration qui prouve combien dans M. le chanoine Charlot une foi sincère s'alliait à un vrai patriotisme, en même temps qu'il se révélait à nous doué d'un goût artistique des plus purs. Les divers *objets d'art* antiques, *peinture*, *sculpture*, *cadres* et *tableaux*, dont il avait soin d'orner son appartement, témoignent de ses connaissances variées et de son excellent tact dans cette spécialité.

L'intérêt de la religion et le salut des âmes n'étaient pas moins l'objet de sa sollicitude ; il aimait à s'entourer de la jeunesse pour la conserver dans la piété et la conduire par ses conseils et ses exemples vers le sanctuaire, lorsqu'il avait la consolation de trouver les marques d'une heureuse vocation. Nous pourrions nommer à sa louange les bons et vertueux prêtres qu'il a donnés à l'Eglise, et dont quelques-uns moins favorisés des dons de la fortune, ont trouvé de paternels secours dans sa libéralité et d'utiles conseils dans son esprit sacerdotal, au petit comme au grand séminaire.

Nous citons ici une seule de ses lettres, entre plusieurs autres, adressée à l'un d'eux, parce que la parole d'une âme pieuse est d'ailleurs la meilleure révélation d'elle-même, c'est son verbe, c'est son image, c'est une lumière qui nous introduit dans son sanctuaire le plus intime ; aussi un ancien disait : *Parle afin que je te voie.*

« Nancy, le..... Mon bien cher enfant, c'est avec bonheur que j'apprends votre nomination aux fonctions de sacristain ; je suis tout heureux de savoir que M. le supérieur vous a jugé digne et capable de les remplir. Vous le ferez, j'en suis sûr, avec cet esprit de foi vive et cette tendre piété que je vous connais, et c'est ainsi que vous préluderez à celles bien autrement glorieuses et vénérables qu'un jour vous serez appelé à exercer, si le bon Dieu vous en fait la grâce ; ce que j'espère de sa bonté et ce que je ne cesse de lui demander pour vous : combien vous devez être satisfait de vous trouver ainsi dans votre centre ! D'ici il me semble vous voir occupé à la décoration de votre belle église, allant à droite, à gauche, afin que rien ne soit en souffrance. Soyez dévoué à l'œuvre qui vous est confiée, de façon cependant à ne pas nuire à vos études. Je vous recommande surtout de veiller soigneusement à la propreté des autels, comme à celle des divers objets qui s'y trouvent, et de les disposer toujours convenablement, afin que vous puissiez dire comme le prophète : *Dilexi decorem domûs tuæ.*

» Si d'un côté, mon cher enfant, vous êtes assuré de jouir de la confiance de vos supérieurs, ce qui est un grand point, vous n'avez pas moins à vous féliciter de posséder celle de ce qu'il y a de mieux parmi vos condisciples qui viennent de vous en donner une double marque bien précieuse à tous égards.....

» Vous ne sauriez croire, mon cher enfant, combien ces nouvelles m'ont causé de plaisir, j'en suis heureux pour vous, j'en suis heureux pour moi-même ; tout ce qui peut contribuer à vous donner quelque relief et à accroître votre bonheur sera toujours pour moi un sujet d'inexprimables jouissances. Je n'ai pas besoin de vous recommander de bien élever votre cœur vers le bon Dieu et de le prier très-instamment de vous conserver dans ces sentiments d'humilité profonde qui ne doivent jamais nous quitter et qui nous sont d'autant plus nécessaires, lorsque nous sommes de la part des autres, l'objet de quelques distinctions. C'est ce que vous faites bien certainement ; là dessus je n'ai pas même l'ombre d'un doute..... ainsi donc *Persévérance*, *Piété et Courage*.

» En attendant le plaisir de vous voir, je vous embrasse de tout mon cœur, en vous réitérant l'assurance de mon sincère et affectueux dévouement.

» J. Charlot, chan. hon. »

La juste reconnaissance et la filiale affection de ses protégés, élevés au sacerdoce ne lui ont point fait défaut ; elles se sont manifestées surtout pendant sa longue maladie, où on l'a vu entouré de leur part, des soins les plus assidus.

C'est dans cet ordre d'idées que M. le chanoine Charlot continua dans Nancy, dès l'année 1849 l'œuvre des soldats de la garnison, commencée en 1845 sous le colonel *Alexandre* du 39e de ligne, par M. l'abbé Didelot, encore séminariste, et dont le séjour au grand séminaire pour recevoir les ordres sacrés, laissait vacante cette œuvre de moralisation qui devait produire d'heureux fruits pour un certain nombre de militaires si exposés à se perdre, pendant leurs loisirs, au milieu des dangers d'une grande cité. C'est alors que M. le chanoine Charlot, convaincu que la religion est la meilleure sauvegarde des mœurs, contre la licence des camps et en même temps le foyer où s'allume le plus sûrement la flamme de l'honneur, du courage et du dévouement, les réunissait, chaque soir par ses soins et à ses frais, au nombre d'environ *cent trente*, (de 4 heures au signal de la retraite) dans une salle de la maîtrise. Les frères des écoles chrétiennes, que l'on trouve toujours prêts quand il s'agit de dévouement au bien, leur donnaient avec un louable zèle, les premiers éléments de *lecture, d'écriture et de calcul* ; plus tard d'honorables membres de nos facultés vinrent y joindre des conférences sur la *morale* et *l'histoire*. Cette œuvre préservatrice, promettait un plus grand développement, quand elle reçut une autre direction dans les salles de la caserne *Sainte-Catherine*, où la classe a lieu chaque soir après l'appel, par les soins et le zèle de M. l'abbé Didelot, chanoine honoraire de Nancy, dont le ministère aimé produit le plus grand bien parmi nos soldats. Mais cette heureuse idée qui, de nos jours a créé les œuvres militaires dans les principales villes de garnison, et que la loi du 20 mai 1874 est venue approuver et rendre obligatoire appartient, en principe, pour la ville de Nancy, au zèle éclairé de ces deux ecclésiastiques, membres de la société de St-Vincent-de-Paul qui en avait déjà pris l'initiative.

Combien de fois n'a-t-on pas vu à cette époque, et non sans édification, un certain nombre d'enfants de troupe, fréquenter habituellement la maison de M. le chanoine Charlot, tantôt assis à sa table, tantôt ses dociles compagnons de promenade ou ses pieux servants de messe à l'autel !... aussi, tant que dura leur séjour dans notre ville, plusieurs d'entre eux s'attachèrent, de tout cœur, à ce bon prêtre ; et à son tour, un simple trait nous montre combien il les aimait lui-même.

L'un d'eux avait suivi son père, dont le régiment, en quittant Nancy, venait de recevoir une nouvelle destination dans une ville de Bretagne, quand, après quelques années, une maladie grave vint mettre ses jours en danger. Le jeune malade réclamait, nuit et jour, le bon chanoine de Nancy, son confesseur d'autrefois, qui l'avait préparé à sa première communion. Informé de son désir par son infortuné père, M. le chanoine Charlot n'hésite pas un instant ; (il s'agissait d'un long voyage d'environ 180 lieues), son amour pour ses chères ouailles du drapeau le lui commandait. Il se mit aussitôt en

route malgré la rigueur de la saison ; et sa présence auprès
du lit du malade, qui reçut de son ministère les consolations
de la religion, répandit encore la joie dans cette humble
famille, qui eut le bonheur de voir bientôt ce cher fils re-
venir en pleine santé.

Son zèle pour le salut des âmes ne fut pas moins heureux
dans la vocation de plusieurs soldats qui, libérés du service
militaire, après avoir payé leur dette à la patrie de la terre,
sous le drapeau de la France, voulurent, par son inspiration, s'occuper de la patrie du ciel, en entrant dans un
monastère, l'un chez les RR. PP. Chartreux, d'autres chez les
RR. PP. Trappistes, pour y travailler à leur sanctification, y
vivre et mourir chrétiennement. Nous citerons en particulier
un sergent-major, nommé *Dardart* qui s'attacha, plus particulièrement, à M. le chanoine Charlot. Pendant ses années
de garnison, ses rapports fréquents avec ce prêtre pieux, en
firent non-seulement un édifiant jeune homme, mais encore,
le plus souvent son commensal et toujours son ami dévoué.
A l'expiration de son congé, M. Dardart ne put se résoudre à
quitter son bienfaiteur pour rentrer dans sa famille et afin
de rester auprès de sa personne vénérée, il accepta d'abord
sa généreuse hospitalité dans sa maison de *la rue Mably*,
et ensuite une modeste position que lui procura M. le chanoine, dans une maison de banque de notre ville en qualité
de comptable. Plus tard, marié dans Nancy et père de famille,
cet ex-sergent-major ne parlait qu'avec effusion et les larmes
aux yeux, de la charité chrétienne de M. le chanoine
Charlot (1).

Tout en s'occupant au dehors de ses diverses œuvres de
charité, M. l'abbé Charlot, sous une apparence simple, ti-

(1) Ce même ex-sergent-major, apprenant naguère à Paris où il s'est
fixé avec sa famille depuis un certain nombre d'années, le décès de M. le
chanoine Charlot (le 5 mai 1874), s'est fait un devoir, malgré la distance
d'un voyage de 80 lieues, de venir assister à ses funérailles, et l'accom-
pagner à sa dernière demeure, en témoignage de sa profonde gratitude
pour les bienfaits qu'il en avait reçus.

mide et toujours réservée, cachait des trésors d'affection, de bonté et de délicatesse. Qui n'a connu dans sa vie privée, ses rapports d'amitié avec les membres de sa famille, frères, belle-sœur, neveux et autres parents? Il ne se passait guère de jours sans qu'il vint les visiter dans leur maison de la rue *des Dominicains*; leurs relations étaient très-intimes, et leurs intérêts même sont toujours restés confondus. Une simple particularité nous fera apprécier à quel degré il portait l'attention de leur être agréable. Un jour sa belle-sœur, Mme Elisa Charlot, assistant à une vente de tableaux, avait eu la pensée d'acheter une *belle grappe de raisins* d'une vérité de pinceau admirable, mais elle avait reculé devant le prix qu'on en demandait. Ce qu'apprenant son beau-frère l'abbé, il s'empressa d'acheter cette toile et de l'apporter lui-même à sa belle-sœur qui, émerveillée de cette délicate surprise, lui en témoigna sa vive reconnaissance.

De même que ses relations de famille, ses rapports avec ses amis et ses confrères dans le sacerdoce furent toujours affectueux et sincères. Qui ne se rappelle comme un pieux souvenir, la *Saint-Joseph*, sa fête patronale? Combien il était heureux de la solenniser, chaque année, par un redouble-ment de ferveur au saint autel, entouré des membres de sa famille et d'un certain nombre de ses amis! Il aimait ce our là en particulier, de les réunir à sa table, toujours si hospitalière et où chacun d'eux pouvait être le témoin de sa joie expansive et de sa cordialité (1).

Son dévouement bien connu à obliger ses amis en toute occasion ne leur fit jamais défaut. On sait que son habitation, à laquelle attenait un jardin, était assez vaste pour y loger, pendant de longues années, un cheval et une voiture. Avec

---

(1) Entre autres confrères, la tradition rappelle ici les noms de ses invi-tés habituels : ce sont MM. les abbés et chanoines *Claude* ancien curé de Bouxières, *Cupers* ancien curé d'Essey-les-Nancy, *Philippe, Rosières, Guillaume, Blanc, Noël*, curé de St-Léon, etc., etc.

quel empressement, il mettait son modeste équipage à leur disposition, ou s'en servait pour reconduire lui-même ceux de ses confrères de la campagne qui venaient le visiter. M. le chanoine Charlot fut en toutes circonstances le prêtre modeste et l'homme obligeant par excellence. Que dirons-nous de ses œuvres de bienfaisance chrétienne dans Nancy et au dehors?

La charité, cette vertu touchante et sublime a ses héros comme la gloire ; mais bien différente de celle-ci, elle se complait dans *l'obscurité*. Tout ce qui éclate l'importune et la blesse. Aussi M. le chanoine Charlot multipliait-il *en silence* ses bienfaits sans s'occuper si la reconnaissance en serait jamais le prix.

Durant les années de sa vie, il se montra surtout prodigue *de ses revenus*, pour aider aux œuvres de Dieu, secourir et doter les établissements religieux, et les maisons diocésaines, dont il restera un des bienfaiteurs insignes.

Voulant respecter sa modestie jusqu'au-delà de la tombe, nous ne souleverons *qu'à demi* le voile dont il a si soigneusement caché ses œuvres de bienfaisance pendant sa vie, il nous suffira d'indiquer, en les rappelant, qu'en 1848, l'établissement des Petites-Sœurs des Pauvres, venait d'être fondé à Nancy, rue Mably, n° 1, dans une maison voisine de son habitation ; M. le chanoine Charlot en fut un des premiers bienfaiteurs. Ces pauvres vieillards des deux sexes eurent d'abord une grande part dans ses largesses et lorsque, plus tard, cette œuvre, si chère à la piété nancéienne, semblable, dans son origine, au grain de sénevé de l'Evangile, fut devenue, sous la bénédiction du ciel, un grand arbre, au faubourg Saint-Pierre, n° 119, M. le chanoine Charlot ne se borna pas à donner son temps et son zèle à la direction spirituelle de ces pieuses servantes des pauvres, en sa qualité de confesseur extraordinaire : il continua d'y verser *ses aumônes* avec simplicité et toujours avec joie, selon les règles prescrites par l'apôtre Saint Paul... *qui tribuit in simplicitate... qui miseretur in hilaritate* (1). Aussi les larmes et les regrets des sœurs et de leurs nombreux vieillards, à l'époque de sa mort, en furent une preuve convaincante. Son nom s'est trouvé mêlé à toutes leurs bénédictions.

Combien d'autres œuvres importantes et éminemment utiles l'ont accompagné comme un glorieux cortége, devant le trône de Dieu !.....

La Société de Saint François Régis, dont il fut un des pieux fondateurs, la Société de Saint Vincent de Paul, l'œuvre si méritoire des Frères des Ecoles chrétiennes, restèrent constamment les œuvres de sa prédilection et de sa participation. — La fondation de la nouvelle église Saint-Georges, par le vénérable M. Poirot, alors curé de la Cathédrale, l'érection de la nouvelle église Saint-Léon, construite comme par enchantement par M. l'abbé Noël qui en est l'infatigable fondateur et le zélé pasteur, furent l'objet de sa plus vive sympathie et reçurent une bonne part dans ses largesses. — Les établissements diocésains, le grand séminaire, mais spécialement le petit séminaire de Pont-à-Mousson conservent avec respect les secrets de ses libéralités particulières. — La restauration de la Chartreuse de Bosserville en 1835, comme, de nos jours, la maîtrise épiscopale, l'œuvre si catholique du denier de Saint-Pierre, ou les pieuses associations paroissiales, furent également le but aimé de sa tendre bienfaisance. — Son affiliation par lettres patentes, à la vénérable congrégation de la Grande Chartreuse de Grenoble, comme à celle non-moins féconde en grâces de la Trappe Notre-Dame des Dombes !... Combien d'autres bonnes et saintes œuvres ou services rendus soit à des laïques soit à des confrères, ne trouvent point ici leur place, parce qu'ils ne sont connus que de Dieu ; mais ce que nous pouvons

---

(1) Aux Romains, ch 12, v. 8.

affirmer sur le témoignage des sœurs *de l'Espérance*, ses dévouées gardes-malades, c'est que pendant les quatre années de sa maladie, les malheureux, les pauvres et les infortunés qui vinrent s'adresser à lui, furent toujours secourus par leur intermédiaire ; tant la pensée de la foi le dominait, tant cet instinct merveilleux de charité, dont il était doué, savait toujours découvrir de nouvelles œuvres et de réelles infortunes.

Depuis longues années M. le chanoine Charlot occupait ses loisirs, en se procurant, non sans difficultés, tous les renseignements possibles, à composer le *nécrologe* de tous les prêtres, chanoines, curés ou vicaires du diocèse, décédés pendant et depuis la Révolution de 1793 jusqu'à nos jours. Ce travail, dont l'intérêt et l'importance, sont pour nous d'un prix bien légitime, parce qu'il était destiné à compléter les annales ecclésiastiques du diocèse, est resté malheureusement inachevé par suite de sa longue maladie et de sa mort. Mais où son esprit sacerdotal nous apparaît d'une manière sensible, c'est dans le soin particulier qu'il apporta, sa vie durant, au culte des *saintes reliques* qu'il se procura en grand nombre, pour en orner bien des sanctuaires ou son appartement, et dont l'authenticité canonique eut toujours une grande part dans ses recherches et ses préoccupations ; aussi pendant des années, et sous ce rapport, ce saint prêtre a rendu d'importants services à l'évêché de Nancy.

Depuis longtemps et sur le déclin des ans, M. le chanoine Charlot vivait constamment dans la pensée de la mort et de la crainte des jugements de Dieu. Il avait cela de commun avec les saints dont s'honore l'Eglise, et si, dans certains ordres religieux, le trappiste en particulier se plaît à méditer sur le néant des choses d'ici-bas, en présence d'une fosse ouverte qui peut devenir la sienne, on ne sera pas peu édifié d'apprendre que M. le Chanoine Charlot avait préparé d'avance le *surplis*, *l'étole*, dont on devait le revêtir au jour de sa mort, et même les *bougies* qui devaient brûler autour de son cercueil.

Quelques années avant de se voir privé de l'usage de ses membres, M. le chanoine Charlot souffrait d'une infirmité qui ne lui permettait pas toujours sans inconvénient, d'aller célébrer la sainte messe à la Cathédrale, selon son usage habituel. C'est alors que sa tendre piété voulut se donner la satisfaction bien légitime de posséder un oratoire particulier dans sa maison. Après s'être muni des pouvoirs canoniques relatifs à cette faveur, il fit disposer un appartement au *rez-de-chaussée*, en une chapelle fraîchement et décemment décorée, qu'il pourvut de tous les objets du culte : vases sacrés, canons d'autel et tous les ornements nécessaires. C'est là que, chaque matin, M. le chanoine célébrait les SS. mystères ou qu'il accomplissait dans la journée, ses divers exercices de piété ; et lorsque, les infirmités et la maladie paralysant ses membres, vinrent le priver de ce bonheur, (ce qui fut la plus rude épreuve pour son âme sacerdotale,) de charitables et dévoués confrères (1) s'empressaient, chaque dimanche et parfois en semaine, de venir offrir le saint sacrifice, auquel M. le Chanoine assistait, assis dans son fauteuil, et où il recevait de leurs mains, la sainte communion, avec une piété angélique. Ce touchant spectacle était des plus attendrissants.

En effet la divine providence avait ses impénétrables desseins; le Seigneur, l'avait comblé des prospérités du monde et des faveurs de la fortune pour faire éclater à nos yeux son inépuisable charité pendant sa vie, il voulut nous montrer sa patience inaltérable et sa résignation chrétienne dans ses derniers combats. C'est dans la nuit du 17 novembre 1869, que M. le chanoine Charlot, fut atteint d'une attaque

---

(1) M. l'abbé Bridey, supérieur du grand séminaire et M. le chanoine Régnier en particulier, lui ont rendu sous ce rapport, les services les plus affectueux et les plus dévoués.

de paralysie, sans cependant perdre tout espoir de guérison; on crut d'abord la situation grave, mais les soins intelligents et assidus, dont l'entourèrent constamment, nuit et jour, les membres de sa famille, son médecin et les sœurs si dévouées *de l'Espérance* réussirent à combattre le mal, pied à pied, et à prolonger encore, pendant quatre années, une existence aussi chère.

Pendant ces quatre longues années d'épreuves, qui d'entre ceux de ses confrères qui venaient fréquemment le visiter, pour ranimer son courage par quelques bonnes paroles, ne l'a trouvé calme, résigné, priant ou récitant son bréviaire autant qu'il lui a été possible de le dire? Qui n'a admiré sa foi vive dans les neuvaines de prières et les saintes communions qu'il sollicitait en sa faveur, et sa grande confiance en la protection de *Saint Joseph,* son patron, pour lui demander et obtenir sa guérison, si c'était la volonté de Dieu? Combien il était sensible à ces consolations de ses amis, et aux visites affectueuses dont Mgr l'évêque du diocèse l'honora plusieurs fois !... Si sa langue perclue ne pouvait rendre les sentiments qui oppressaient son âme reconnaissante, son cœur et ses larmes savaient toujours les exprimer, car son cœur resta toujours bon et sensible !

Nous ne saurions ici passer sous silence un trait particulier qui édifia profondément l'assistance pendant une ordination à la Cathédrale : dans cette imposante cérémonie un des ordinands, protégé de M. le chanoine Charlot était appelé à recevoir la prêtrise. Ce beau jour depuis si long-temps désiré de M. le chanoine, devait hélas ! le trouver perclu de ses membres et gisant sur son grabat?... Que fait M. l'abbé Charlot? Sa foi le ranime, il se fait transporter assis dans un fauteuil, assiste à l'ordination au milieu de ses larmes et semblable au vieux patriarche Jacob bénissant ses fils avant de mourir, M. le chanoine dont on souleva les bras déjà glacés, *impose les mains,* en sanglottant, à ce fils adoptif dont il dote la sainte église, comme une dernière consolation avant de quitter la terre. Cette scène attendrissante fit couler des larmes de bien des yeux.

Mais, le moment suprême était proche; de nouvelles attaques étant survenues dans l'état du malade, son intelligence et son cœur perdirent leurs facultés et tout leur essor, lorsque, malgré les soins les plus empressés et les plus habiles, il fallut céder à la violence de cette terrible crise. Les derniers Sacrements lui furent administrés par M. le chanoine Claude, curé-archiprêtre de la Cathédrale, et après une longue et laborieuse agonie, M. le chanoine Joseph-Auguste Charlot, s'éteignait pour toujours vers les 3 heures du matin, sous les yeux de son neveu et de sa nièce, M. et Mme Alexandre Charlot plongés dans la douleur. Mais son âme sacerdotale s'élançait avec confiance vers l'éternité qui s'ouvrait devant lui, le saint jour de Pâques, le 5 mai 1874.

La nouvelle de sa mort, quoique prévue d'avance avec une certaine anxiété, par suite de ses quatre années de grave maladie, n'affecta pas moins douloureusement l'opinion publique, ses amis et le clergé du diocèse, et l'on peut ajouter que si sa vie entière, édifiante et profondément charitable, laisse parmi nous de sincères regrets et d'impérissables souvenirs, M. le chanoine Charlot n'a pas moins de titres après sa mort à la reconnaissance des enfants pauvres de cette ville qu'à notre édification. Dans ses dispositions testamentaires, il a fait un legs particulier de *mille francs* à l'œuvre des frères des Écoles chrétiennes de Nancy, le don de son remarquable calice en vermeil à Notre-Dame de Sion, celui de son beau Christ en ivoire au couvent des dames de la *Visitation* de cette ville et demandé en même temps, par un sentiment de foi et d'humilité, à être enterré à la Chartreuse de Bosserville. C'est bien là finir comme il avait commencé !...

Aussi, le jour de ses funérailles fut pour le vénéré défunt un jour de triomphe, dont sa vie humble et cachée n'aurait jamais pu lui faire pressentir le moindre soupçon : le mercredi 8 avril à 11 heures, un nombreux clergé de la ville et du dehors vint se réunir à sa famille et à ses amis dans la Cathédrale où s'accomplit la cérémonie funèbre. Le chœur était tendu de noir, et le corps du défunt, placé sous un beau catafalque, entouré d'un nombreux luminaire, était assisté par MM. les chanoines *Bourgeois, Guillaume, Burtin* et *Vassereau*. Après la messe chantée et l'absoute faite par M. l'archiprêtre, curé de la Cathédrale, la foule s'est retirée pieusement recueillie et emportant dans le cœur ce sentiment de profonde tristesse, que l'on ressent toujours quand on vient de rendre les derniers devoirs à un bon prêtre, à un ami qu'on ne doit plus revoir, si ce n'est dans un monde meilleur.

Conformément à ses dernières volontés, les restes mortels de ce digne prêtre furent transportés à la *Chartreuse de Bosserville* pour y être inhumés dans le cimetière des religieux qu'encadre le petit cloître. Par une faveur exceptionnelle, ce désir du défunt reçut pleine satisfaction et d'une manière si solennelle et si touchante que nous ne croyons mieux terminer cette notice qu'en donnant ici le récit fidèle de ce dernier acte de la vie de M. le chanoine Charlot et celui des nobles paroles, prononcées par M. le chanoine Guillaume, dans cette triste circonstance (1), elles en sont l'édifiant et entier corollaire :

Vers les 2 heures de l'après-midi de ce même jour. « Le corbillard de voyage, suivi de six voitures de deuil, se mit en route pour conduire le cercueil à sa destination. Dans le coupé de ce triste char s'étaient placés M. l'abbé Deranton, curé de Crion, M. l'abbé Vosgien, vicaire de la Cathédrale et M. l'abbé Guillaume, chanoine honoraire, l'un des anciens amis du défunt, ces deux derniers en habits de chœur.

----

(1) Extrait de la *Semaine religieuse de Lorraine*, 26 avril 1874.

Sur la route et par une heureuse inspiration, les cloches des paroisses Saint-Georges et Tomblaine, saluèrent le pieux cortége de leurs glas funèbres.

Arrivé à la Chartreuse, le corbillard s'arrêta au pied de la statue de la Vierge immaculée, et du grand escalier sur les degrés duquel se trouvaient rangés sur deux lignes, la croix en tête, tous les membres de la communauté. L'un de ces vétérans, à longue et blanche barbe, portait le cierge allumé, symbole de la foi à la résurrection. Le corps ayant été descendu du noir véhicule et placé, par les frères, sur le brancard, une scène touchante et qui rappelle d'anciens et respectables usages que notre époque n'est que trop portée à dédaigner, provoqua, chez tous les assitants, une religieuse et visible émotion. M. l'abbé Guillaume, s'étant avancé vers le R. P. Prieur (1), descendu jusqu'au bas des marches, et, lui montrant de la main, la bière de son regretté confrère, lui adressa les paroles suivantes :

« Mes Révérends Pères, je viens au nom de MM. les chanoines honoraires de Nancy, au nom de tout le clergé de la ville épiscopale, au nom d'une famille honorable et très-honorée de notre cité, vous demander la charité de la sépulture chrétienne pour les restes mortels de messire Joseph-Auguste Charlot, ancien curé de Laneuvelotte et chanoine honoraire de notre Cathédrale, qui a désiré dormir son dernier sommeil à l'ombre des cloîtres de votre demeure silencieuse et bénie. Prêtre selon le cœur de Dieu, M. l'abbé Charlot appartenait à l'une de ces familles patriarcales dans laquelle les plus belles vertus sont comme héréditaires; il était proche parent du vénérable abbé Charlot, décédé en 1824, chanoine titulaire et curé de la Cathédrale de Nancy, regretté de la population tout entière, sans distinction d'opinion ni de culte et plus amèrement encore par Monseigneur Osmond, son évêque que, depuis le rétablissement du culte

---

(1) Dom Pascal Sené.

catholique en 1802, il n'avait cessé de seconder, avec un infatigable zèle, dans la tâche si lourde et si hérissée de difficultés de la reconstruction du diocèse.

» M. l'abbé Charlot, dont nous vous présentons la dépouille mortelle, n'a pas brillé par ces talents d'éclats qui, parfois, deviennent plus nuisibles qu'utiles à ceux qui en sont doués, mais ce qui est de beaucoup préférable, il avait hérité des vertus sacerdotales de son parent dont le souvenir n'est point effacé. Il avait compris et il a fidèlement mis en pratique la leçon du divin maître : *apprenez de moi que je suis doux et humble de cœur*, il a été la placidité incarnée, il a vécu dans l'obscurité et la retraite, et s'il s'est occupé extérieurement des choses d'ici-bas, il ne l'a fait que pour concourir aux œuvres pieuses et charitables du diocèse : comme la rentrée en possession par des religieux de votre ordre, mes Révérends Pères, de cet établissement d'origine princière et lorraine, la restauration du petit séminaire diocésain et bien d'autres œuvres que nous ne connaissons pas, car on peut affirmer que, très souvent, sa main gauche ignora les générosités de sa droite.

» Tel a été, mes Révérends Pères, le bon prêtre que nous venons vous prier d'admettre dans le lieu où reposent de saints religieux qu'il tenait en grande estime et vénération. Recevez, abritez sa dépouille mortelle, et sa belle âme heureuse au sein de Dieu, priera pour votre sainte communauté, pour sa chère famille et certainement aussi pour ses confrères dans le sacerdoce, dont il a été un modèle et qui, comme vous, mes Révérends Pères n'aspirent qu'à le rejoindre dans la région des vivants !

» Après cette allocution, le corps fut transporté dans le chœur des RR. PP. où les prières de l'absoute furent chantées par les religieux selon les rites de leur ordre, puis, l'assistance se dirigea vers le cimetière où la fosse avait été creusée auprès de la sépulture du respectable abbé Cupers, ancien ami de M. Charlot. Les dernières prières achevées et l'adieu suprême formulé, les Pères Chartreux rentrèrent en cellule et le cortége reprit le chemin de Nancy, non sans être vivement émotionné d'un enterrement qui rappelait, d'une manière frappante, celui des premiers chrétiens dans les catacombes, au jour de la persécution. »

La pierre solitaire, surmontée d'une croix, placée par sa famille, sur les restes mortels de M. le chanoine Joseph-Auguste Charlot, attendant la glorieuse résurrection, porte cette simple inscription qui résume en entier sa vie si bien remplie :

†

Dilectus Deo et hominibus
Cujus memoria in benedictione est !

Eccl. XLV. I.

Ici s'arrête notre plume parce qu'avec sa vie finit son éloge, mais la pensée et le souvenir de ceux qui l'ont connu et aimé, ne manqueront pas de se rencontrer devant Dieu pour prier sur cette tombe, où il emporte le mérite de tant de bonnes œuvres, et la conscience de toutes les vertus.

L'abbé BLANC.

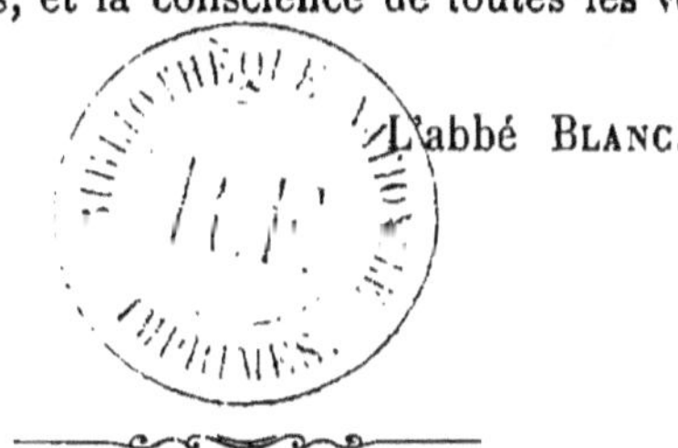

Nancy, imprimerie de N. Collin.

www.ingramcontent.com/pod-product-compliance
Lightning Source LLC
LaVergne TN
LVHW020103070726
842525LV00018B/1751